¿Quién fue el papa Francisco?

I0796348

Stephanie Spinner

ilustraciones de Dede Putra

traducción de Yanitzia Canetti

Penguin Workshop

Para Richard Staub, que es un santo—SS

A la memoria de mi padre, que siempre me apoyó para alcanzar mi sueño—DP

PENGUIN WORKSHOP
Un sello editorial de Penguin Random House LLC
1745 Broadway, New York, NY 10019
penguinrandomhouse.com

Copyright © 2017 de Penguin Random House LLC
Copyright de la traducción © 2026 de Penguin Random House LLC

Penguin Random House apoya la protección de los derechos de autor. Los derechos de autor estimulan la creatividad, fomentan la diversidad de voces, promueven la libertad de expresión y crean un ambiente cultural vivo. Gracias por comprar una edición autorizada de este libro y por cumplir con las leyes de derechos de autor al no reproducir, escanear ni distribuir cualquier parte de este en cualquier forma sin permiso. Está apoyando a los escritores y permitiendo que Penguin Random House continúe publicando libros para todos los lectores. Ninguna parte de este libro puede ser utilizada ni reproducida de ninguna manera con el propósito de entrenar tecnologías o sistemas de inteligencia artificial.

PENGUIN es una marca registrada y PENGUIN WORKSHOP es una marca comercial de Penguin Books Ltd. Who HQ & Design es una marca registrada de Penguin Random House LLC.

Información de la Catalogación en la Publicación (CIP) de la Biblioteca del Congreso está disponible.

Publicado por primera vez en los Estados Unidos de América en inglés como *Who Is Pope Francis?* por Penguin Workshop, 2017
Edición en español publicada en 2026

Manufacturado en los Estados Unidos de América
CJKW

ISBN 9798217141388
10 9 8 7 6 5 4 3 2 1

El representante autorizado en la UE para la seguridad y cumplimiento de este producto es Penguin Random House Ireland, Morrison Chambers, 32 Nassau Street, Dublin D02 YH68, Irlanda, https://eu-contact.penguin.ie.

Contenido

¿Quién fue el papa Francisco?

Un día Jorge Mario Bergoglio se dirigía a encontrarse con unos amigos. Pero en lugar de eso, se detuvo repentinamente y luego se dio la vuelta. Entró a la iglesia de su barrio en Buenos Aires, Argentina. Le dijo al sacerdote que quería dedicarle su vida a Dios. Jorge tenía solo dieciséis años en ese momento. No había pensado muy bien sus palabras. Estas lo sorprendieron, pero eran completamente sinceras. A partir de ese momento marcaron su vida.

Jorge Mario Bergoglio se convirtió en el conocido papa Francisco, líder de la Iglesia católica romana. Después de convertirse en papa en 2013, Francisco trabajó para ayudar a los pobres. Una y otra vez, transmitía un mensaje de esperanza y alegría a todos, no solo a los católicos.

La fe del papa Francisco marcó cada día de su vida. Y fue una fuente de inspiración para personas en todo el mundo.

¿Quién es el papa?

Estatua de san Pedro

El papa es el líder de la Iglesia católica. El primer papa fue Pedro, uno de los hijos de los doce apóstoles de Jesús. Por su fe, Pedro fue asesinado por el emperador romano Nerón en el año 67. Muchos más papas fueron asesinados durante el Imperio romano. Pero en el año 313, el emperador Constantino reconoció el cristianismo como religión y se convirtió al cristianismo. Después de eso, el papado (ser papa) se volvió mucho más seguro.

En la Edad Media, el catolicismo se había extendido por toda Europa y la Iglesia era muy poderosa. Entonces ser papa era como ser emperador. Los papas podían convocar ejércitos y dirigirlos. Podían nombrar reyes. Podían contratar a

El interior de la Basílica de San Pedro

grandes artistas para construir y decorar magníficas catedrales. Podían llevar una vida de gran lujo.

Hoy en día, el papa sigue siendo la autoridad final en todas las cuestiones de moral y fe. Los católicos deben obedecerlo en los asuntos de religión. Los papas modernos han trabajado con las Naciones Unidas y han hablado ante el Congreso de Estados Unidos. Se reúnen con presidentes, reinas y reyes. Pero no son líderes políticos; son líderes espirituales.

CAPÍTULO 1
Una familia unida

Jorge Mario Bergoglio nació en Sudamérica, en Buenos Aires, Argentina, en 1936. Sus padres,

Mario y Regina, eran parte de la numerosa comunidad italiana de la ciudad. Al igual que sus vecinos, eran trabajadores, hablaban italiano en casa e iban a la iglesia con frecuencia. Argentina era un país católico, y esto hizo que los Bergoglio se sintieran en su nuevo hogar casi igual que en su tierra natal.

Jorge era el mayor de cinco hermanos. Era muy unido a sus padres y a sus hermanos. Pero la persona que mejor lo conocía era su abuela Rosa. Franca y cariñosa, cuidaba del pequeño Jorge durante el día. Ella le enseñó sobre los santos católicos, oraba con él y lo llevaba a la iglesia. Ella también le enseñó a tener una mente abierta. Su aceptación de todas las personas, fueran católicas o no, fue algo que Jorge nunca olvidó.

Rosa también le enseñó a Jorge a amar los libros. A él le fascinaban las novelas italianas que ella le leía, con sus historias dramáticas y con muchos personajes. Y esperaba con ansias los sábados por la tarde, cuando la familia se reunía para escuchar ópera italiana en la radio.

Jorge era un excelente estudiante que se esforzaba mucho en la escuela. Pero, aunque disfrutaba de sus estudios, amaba más el fútbol. Seguía el deporte de cerca con sus amigos y anhelaba ser un gran jugador. Se conformó con ser un fanático de por vida. Incluso como papa, seguía siendo miembro del club de fútbol de su infancia. Y cuando el equipo jugaba, él siempre sabía el resultado.

Jorge y sus hermanos fueron a escuelas católicas. Todas las noches, cuando su padre, Mario, llegaba a casa del trabajo, dirigía a la familia en oración. El sacerdote de la familia, don Enrico Pozzoli, también era un amigo. A menudo venía a cenar los deliciosos ravioles caseros de Rosa.

La familia Bergoglio vivía en una ciudad donde muchos jóvenes ingresaban al sacerdocio. Así que la decisión de Jorge de convertirse en sacerdote no fue inusual. Desde luego, no le sorprendió a su abuela Rosa, que lo conocía tan bien.

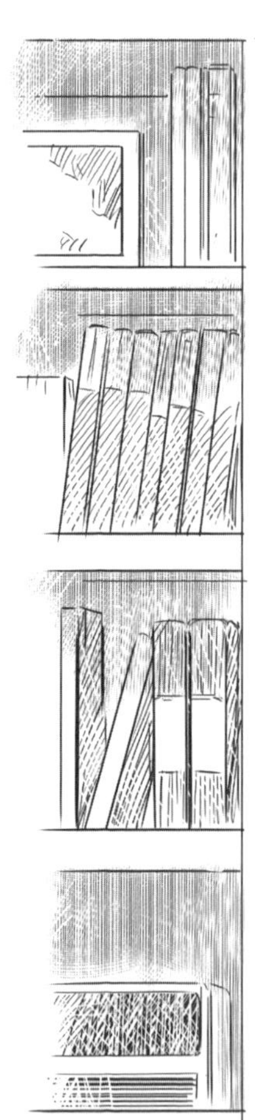

Los padres de Jorge, por el contrario, querían que continuara sus estudios de química. Su madre esperaba que Jorge se convirtiera en médico, para que tuviera una vida cómoda y nunca tuviera que preocuparse por el dinero, como ella y Mario. Ser sacerdote también significaba que Jorge nunca se casaría ni tendría hijos. Aunque don Enrico hizo todo lo posible por hacerla cambiar de opinión, pasaron años antes de que Regina pudiera aceptar la decisión de su hijo.

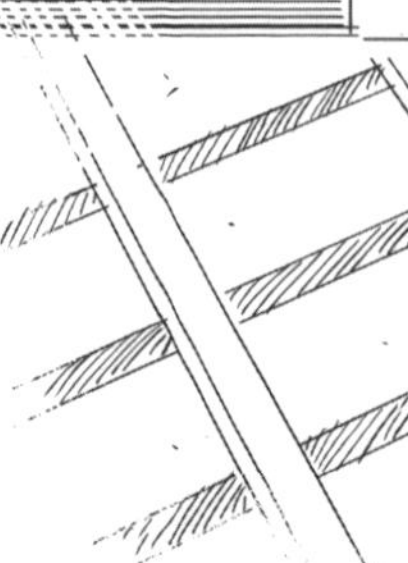

Seminario Diocesano de Villa Devoto

Sin embargo, Jorge estaba decidido. En 1956, se matriculó en un seminario (una escuela para sacerdotes) en Buenos Aires.

CAPÍTULO 2
Se convierte en sacerdote

Muchos de los profesores de Jorge en el seminario pertenecían a la orden de los jesuitas. A los jesuitas se les conoce como eruditos. Jorge decidió que él también quería ser jesuita.

Pero lograrlo requirió largos años de entrenamiento y estudio: diez años para ser sacerdote y otros tres o cuatro para convertirse en

miembro de la orden. Así que no fue una decisión que Jorge tomara a la ligera. Pero antes de que pudiera actuar en consecuencia, se enfermó y casi muere.

En agosto de 1957, contrajo una enfermedad pulmonar muy grave. La medicina no lo curaba, y pronto tuvo dificultades para respirar. Le tuvieron que extirpar parte del pulmón derecho. Y se pasó un mes en el hospital con terribles dolores.

La salud de Jorge siempre había sido buena. Ahora, por primera vez en su vida, estaba sufriendo. Su dolor era difícil de soportar, pero le hizo comprender el sufrimiento de los demás en el mundo. Y fortaleció su deseo de dedicar su vida a Dios. Durante su larga recuperación, conversó a menudo con don Enrico. El sacerdote lo animó a estudiar con los jesuitas. Cuando se recuperó, Jorge se inscribió en la academia jesuita. Fue aceptado para comenzar sus estudios en la primavera siguiente.

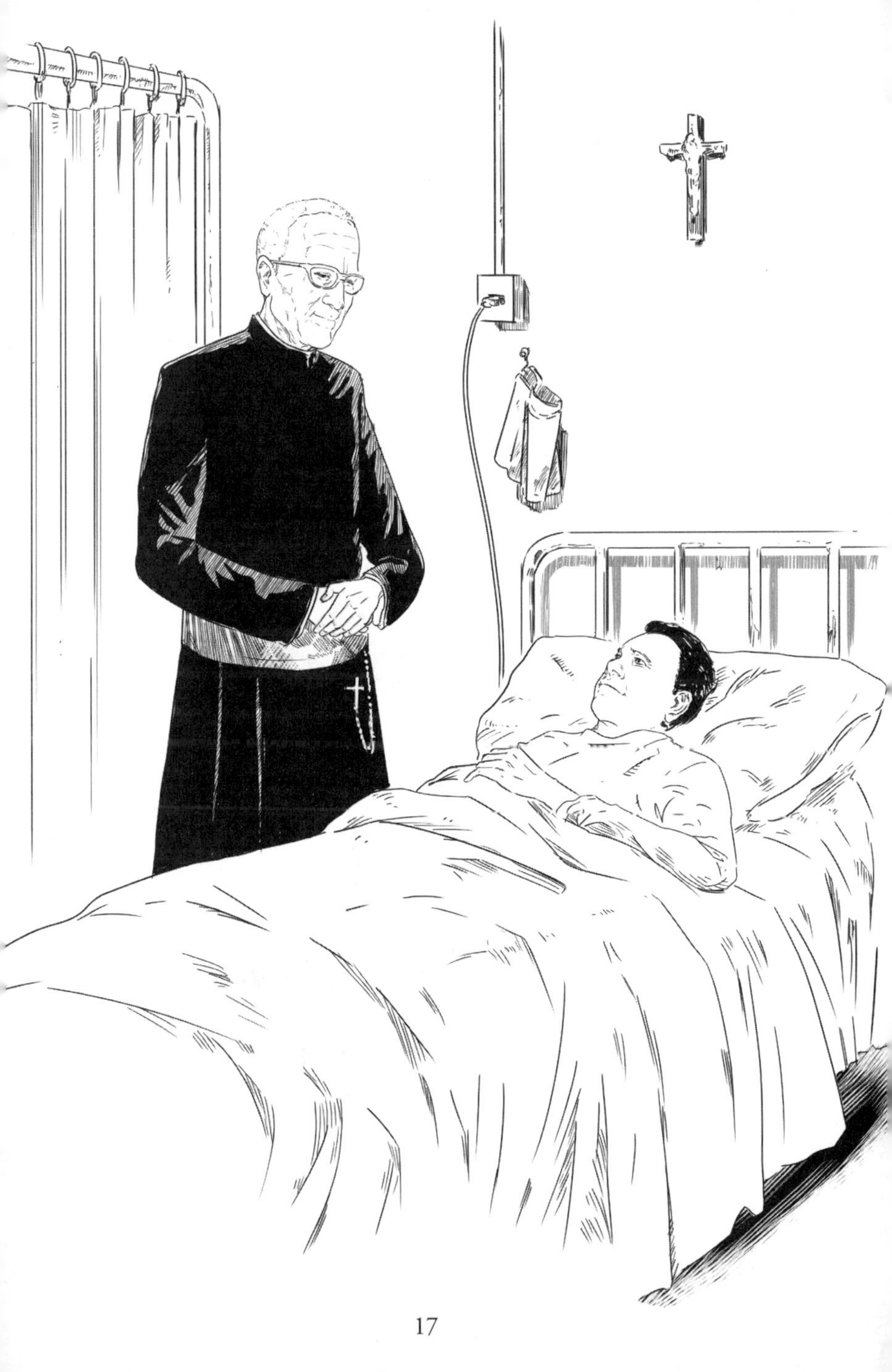

Los jesuitas

La orden jesuita también se llama Compañía de Jesús. Comenzó con Ignacio de Loyola, un noble español del siglo XVI. Loyola no era religioso, pero en 1521, mientras se recuperaba de una herida sufrida en batalla, leyó varios libros sobre la vida de Jesús y los santos. Estos le hicieron pensar que su propia vida

Ignacio de Loyola

carecía de sentido. Una noche tuvo una visión de la Virgen María, la madre de Jesús. Esto le produjo una gran felicidad.

Loyola fue otro hombre después de eso. Viajó por Europa sin dinero y oró durante quince años. En 1548, publicó un libro en el que contaba cómo llevar una vida puramente espiritual. Hacer el bien en el mundo, vivir sin dinero ni poder y estar siempre dispuesto a servir a Dios son los requisitos básicos. La orden de los jesuitas se basa en ellos. Ignacio de Loyola fue declarado santo en 1622.

Hoy en día, la orden es famosa por sus miles de escuelas. Con más de diecisiete mil miembros, es la orden más grande de la Iglesia católica.

La formación de Jorge comenzó en 1958 en Buenos Aires. Al igual que los otros estudiantes nuevos (novicios), pasó sus dos primeros años orando y estudiando de acuerdo con lo establecido por san Ignacio de Loyola. Jorge participó en un retiro de silencio de un mes. Hacía trabajo hospitalario con los enfermos y moribundos. En el seminario realizaba tareas domésticas, como barrer y lavar la ropa. También enseñaba en escuelas locales.

Comenzaba a las 6:20 de la mañana y terminaba a las 10:30 de la noche. Se pasaba todo el día trabajando, estudiando u orando, sin descanso. También tenía que hacer un examen de conciencia tres veces al día. Es decir, pensar bien cómo se había comportado y si podría haberlo hecho mejor. De vez en cuando, él y sus compañeros novicios tenían una reunión llamada la culpa. El maestro de novicios elegía a uno de los sacerdotes estudiantes. Entonces todos los demás tenían que decirle qué había hecho mal.

Los otros novicios pensaban que Jorge era muy serio. De hecho, incluso lo criticaban por ser demasiado serio en la culpa. Jorge se lo tomaba con calma. Si tenía alguna duda sobre su fe, se la guardaba para sí mismo y trataba de superarla.

En marzo de 1960, hizo sus primeros votos de pobreza, castidad y obediencia. Jurar pobreza significaba que viviría con sencillez. Jurar castidad significaba que nunca se casaría ni tendría una relación romántica con nadie. Jurar obediencia significaba que siempre obedecería la palabra de Dios y del papa. Esto significaba que Jorge Mario Bergoglio era ya un sacerdote jesuita y podía agregar las letras S. J., por Sociedad de Jesús, a su nombre.

Aun así, tuvo que entrenarse y estudiar durante muchos años más antes de ser completamente ordenado.

En 1961, Jorge fue a un colegio jesuita en Santiago de Chile para estudiar Arte, Historia, Literatura y Filosofía. Mientras estaba allí, su padre murió repentinamente de un ataque al corazón. Solo unas semanas después, su amigo de toda la vida, don Enrico, también murió. Jorge lloró mucho a ambos hombres. Lo habían amado y alentado. Y lo que es más importante,

le habían enseñado a respetar y amar a todos los seres humanos.

Jorge pensaba a menudo en su padre y en don Enrico mientras estaba en Chile, especialmente cuando enseñaba religión a niños de tercero y cuarto grado. Había visto la pobreza en Argentina. Pero la vida de los pobres en Chile era mucho peor. Jorge quedó impactado por lo que vio.

Sus alumnos no tenían nada. A menudo pasaban hambre. Vestían harapos y algunos ni siquiera tenían zapatos. El corazón de Jorge estaba con ellos. Cuando salió de Chile, su amor y comprensión por los pobres se habían fortalecido aún más. Esto influyó mucho en lo que dijo e hizo como papa.

En 1963, Jorge regresó a la Argentina. Se licenció en filosofía. Luego enseñó en los mejores colegios católicos de Buenos Aires. En uno de ellos, el Colegio del Salvador, invitó al gran escritor argentino Jorge Luis Borges a venir de visita. Borges era famoso y más tarde ganaría el Premio Nobel de Literatura. Sin embargo, estaba feliz de visitarlos. Les leyó su trabajo a los

Jorge Luis Borges

estudiantes durante cinco días. También los ayudó con sus propios escritos. Les habló de la dura vida de los gauchos (vaqueros argentinos), que habían inspirado gran parte de sus historias.

Cuando se supo que Borges estaba en la escuela, maestros, alumnos y admiradores acudieron en masa a escucharlo. ¡Un maestro dijo que era como contratar a la mejor orquesta del mundo para tocar "Feliz cumpleaños" en una fiesta infantil! Fue una experiencia que Jorge siempre atesoraría.

CAPÍTULO 3
Los cambios

Los alumnos de Jorge lo admiraban porque era un maestro brillante con un excelente sentido del humor. Él se dedicaba a ellos. También sabía que, fuera de los muros medievales del colegio, se avecinaban cambios rápidos en la Iglesia católica.

De 1962 a 1965, líderes religiosos católicos de docenas de países fueron a Roma para una serie de encuentros religiosos. Fue llamado Concilio Vaticano II (o Vaticano II). Su propósito era discutir el papel de la Iglesia católica en el mundo moderno. Algunos estaban convencidos de que la Iglesia debía trabajar para hacer del mundo un lugar mejor. Otros querían modernizar la Iglesia. Por ejemplo, la misa y otros rituales de la Iglesia siempre se habían celebrado en latín. Esto se debía

Concilio Vaticano II (Vaticano II)

a que, en los comienzos de la Iglesia católica, las personas educadas hablaban latín. Pero ya en los sesenta, la mayoría de la gente no lo estudiaba ni lo entendía.

El Vaticano II permitió que en las iglesias se usara el idioma de cada país en lugar del latín. Fue un gran cambio que permitió a los católicos entender mejor los rituales y las oraciones.

Otro cambio del Vaticano II fue hacer que la Iglesia católica aceptara más a otras religiones. Por mucho tiempo, el catolicismo había afirmado ser la única religión "verdadera". Las demás eran consideradas inferiores (no tan buenas). Después del Vaticano II, los líderes católicos comenzaron a reunirse con los líderes protestantes, judíos y musulmanes para fomentar la amistad.

Mientras se celebraba el Vaticano II, Jorge seguía las noticias que llegaban desde Roma. Creía que la Iglesia estaba cambiando para mejor, acercando la religión a la gente. Como papa, este fue uno de sus principales objetivos.

En los sesenta, el gobierno de Argentina también estaba cambiando. Fueron años de agitación en los que diferentes grupos políticos luchaban por el poder. Algunos representaban a los trabajadores, otros a los militares. Por lo general, ganaban los militares. En 1966, el general Juan Carlos Ongania se convirtió en dictador (lo que

General Juan Carlos Ogania

decía era ley). Gobernó el país hasta 1970. Dos dictadores militares más le siguieron, y sus gobiernos fueron igual de duros.

Luego, en 1973, Juan Perón fue reelegido presidente. Perón ya había ocupado el cargo entre 1946 y 1955. Sus numerosos seguidores esperaban que su regreso mejorara la vida en Argentina. Pero murió al cabo de un año y cuando su esposa Isabel tomó su lugar, fue rápidamente derrocada. En 1976, Argentina volvió a caer en manos de los militares. Fue el comienzo de una

Juan Perón

época muy oscura en su historia. Los argentinos la llamaron la Guerra Sucia.

Durante estos años inciertos de cambio político, la vida de Jorge también cambió. En 1973, hizo sus votos como sacerdote jesuita. Poco después se convirtió en jefe del Departamento de Filosofía y Teología del Colegio del Salvador.

Colegio del Salvador

Ese mismo año, a los treinta y seis años, fue nombrado superior provincial de los jesuitas. Esto significaba que estaba a cargo de todos los jesuitas de Argentina y del vecino Uruguay.

En su nuevo cargo, Jorge trabajó arduamente para ayudar a los pobres. Apoyó a los jesuitas que trabajaban en las villas miseria de Buenos Aires y en otras zonas pobres del país. Abrió nuevas iglesias. Y una y otra vez hablaba de llegar a aquellos a los que llamaba “el pueblo fiel de Dios”.

Jorge hizo cosas valiosas como provincial, pero tomaba decisiones rápidamente, según creía. Si sus ideas eran impopulares entre otros jesuitas, no le importaba. Al insistir en que él sabía lo que era mejor, se ganó enemigos.

Hizo más enemigos al no manifestarse en contra de la dictadura militar (llamada la Junta). La Junta era un grupo de tres militares de alto rango: uno del ejército, uno de la armada y otro de la fuerza aérea. Tenían un poder enorme. Mataron

La Junta

a decenas de miles de personas, a cualquiera que creyeran que se les oponía. Los argentinos llamaban a estas víctimas “los desaparecidos”, porque muchos desaparecieron sin dejar rastro.

Algunos sacerdotes jesuitas querían manifestarse contra la Junta. Jorge pensaba que era una mala idea y les ordenó que se callaran. Unos pocos lo desobedecieron y protestaron. Fueron encarcelados y retenidos en prisión durante años sin juicio.

Por no oponerse a la Junta, Jorge fue criticado fuertemente. La gente lo sacó a relucir al terminar la Guerra Sucia en 1983 y en 2013 cuando se convirtió en papa. Admitió que cometió errores y se arrepintió de ellos. "Tuve que lidiar con situaciones difíciles y tomé mis decisiones sin pensar y sin consultarlo... Mi forma autoritaria y rápida de tomar decisiones me llevó a tener serios problemas y a ser acusado de ultraconservador". (Por ultraconservador, se refería a alguien que apoyaba a la Junta).

Pero el papa Francisco reveló que tras bambalinas ayudó a salvar a mucha gente perseguida por la Junta. Permitió que docenas de personas en peligro de ser arrestados se escondieran en el cuartel general de los jesuitas. Hizo arreglos para que muchos escaparan a Europa. Eran cosas muy arriesgadas. Si lo hubieran descubierto, lo habrían metido en la cárcel, o algo peor. Afortunadamente, eso no sucedió.

El mandato de Jorge como provincial jesuita terminó en 1980. Entonces, los sacerdotes a los que no les caía bien detuvieron su ascenso en la orden jesuita. Le dijeron que volviera a enseñar y que terminara su doctorado en teología. (Un doctorado es el grado más alto que se puede obtener en una materia). Después de trabajar en este proyecto brevemente en Alemania, regresó a la Argentina, trasladándose de una universidad a otra según lo ordenado.

En 1990, lo enviaron a vivir a la residencia jesuita de Córdoba, lejos de Buenos Aires. Allí no se le permitía enseñar ni oficiar misa ni siquiera hacer llamadas telefónicas sin permiso. Para alguien que había estado a cargo, fue un duro castigo por sus acciones impopulares.

Jorge había hecho un voto de obediencia y ahora se estaba probando. Así que obtuvo su doctorado. Pasó tiempo con la gente pobre de Córdoba. Y pensó largo y tendido acerca de su fe.

El clero:
¿qué hace cada quién en la Iglesia católica?

Los sacerdotes son hombres que dedican su vida a la Iglesia. La mayoría tiene títulos universitarios. Luego, estudian en un seminario católico por otros cuatro o cinco años. Toman votos especiales en los que prometen seguir las reglas de la Iglesia. Dirigen ceremonias religiosas, como la misa. Bautizan y casan a las personas. Predican sermones y supervisan los

funerales. Escuchan confesiones. También pueden enseñar o ser misioneros, o sea, viajar a otras partes del mundo para llevar la fe católica a nuevas personas. Los sacerdotes generalmente viven con otros sacerdotes en un hogar colectivo y trabajan en un distrito católico llamado parroquia. Los párrocos son supervisados por un obispo.

Los sacerdotes también pueden optar por unirse a una orden, como los jesuitas o los franciscanos.

Los obispos son sacerdotes que son seleccionados para ser líderes de la Iglesia. Están a cargo de un grupo de parroquias o diócesis. Son considerados como parte de una cadena que comenzó con los doce apóstoles de Jesús. Actualmente hay alrededor de cinco mil obispos en el mundo.

Los arzobispos son elegidos por el papa para dirigir diócesis muy grandes, como las de las grandes ciudades. El papa Francisco fue arzobispo de Buenos Aires de 1998 a 2013.

Los cardenales son obispos elegidos a dedo por el papa para ser sus asesores. Como grupo se les llama el Colegio Cardenalicio. Su tarea más importante es elegir al próximo papa. Hay unos doscientos

cardenales. Sus sombreros rojos son símbolos de su lealtad a la Iglesia, lo que significa que derramarían su sangre para defenderla.

El papa es el líder de toda la Iglesia católica. También se le llama Obispo de Roma, Sumo Pontífice de la Iglesia Universal y Vicario de Jesucristo.

CAPÍTULO 4
Otro hombre

En 1992, terminó el castigo de Jorge. Los jesuitas se dieron cuenta de que era un hombre con talentos especiales. Ese año fue designado para ayudar al arzobispo de Buenos Aires a administrar todas las iglesias católicas de la ciudad. Era un trabajo exigente, pero estaba contento con sus nuevas responsabilidades. Después de muchos años de trabajo humilde y examen de conciencia, había cambiado. Ahora escuchaba a las personas que trabajaban con él. Se esforzaba por hablar con ellos antes de tomar decisiones. Y se enfocaba aún más en ayudar a los pobres.

En ese momento, había alrededor de tres millones de personas en Buenos Aires. Más de ochocientas mil eran muy pobres. Vivían con menos de uno o dos dólares al día. Tenían poca electricidad y no tenían agua corriente. Los trabajos eran escasos y los salarios muy bajos. El índice de criminalidad y el consumo de drogas eran altos.

Los barrios marginales se convirtieron en el objetivo de Jorge. Envió más sacerdotes. Ayudó a recaudar dinero para comedores de beneficencia y escuelas. Y él mismo visitaba lugares concurridos, sucios y peligrosos sin guardaespaldas. Mientras caminaba, hablaba con todas las personas que conocía.

Jorge se convirtió en arzobispo en 1998. Casi todos los arzobispos viven en el lujo. Pero las batas de seda, las limusinas, una casa grande y los viajes en primera clase no le interesaban a Jorge. Vestía túnicas ordinarias y una cruz sencilla. Vivía en un pequeño apartamento y cocinaba para él mismo. Iba a trabajar en bicicleta o en metro. Había hecho un voto de pobreza y vivía de acuerdo con él.

La manera de hacer las cosas de Jorge fue un buen ejemplo para sus compañeros sacerdotes. Demostró que la Iglesia católica estaba de verdad dedicada a ayudar a las personas necesitadas. Y le granjeó un gran cariño en los barrios más pobres de la ciudad. Allí, lo apodaron el Pibe.

La admiración por Jorge creció en la década de los noventa. La economía argentina estaba en terribles problemas. Cuando el peso no valía nada y millones de argentinos cayeron en la pobreza,

Jorge hablaba en sus sermones (durante las misas). Criticaba al gobierno por pedir prestado demasiado dinero a países extranjeros y por recortar miles de empleos en Argentina. Se pronunciaba en contra de los funcionarios deshonestos y codiciosos por engañar al público. También encabezó conversaciones entre políticos y grupos de ciudadanos. Su coraje y su voluntad de trabajar duro para aliviar la crisis impresionaron a muchas personas.

En Roma, el papa Juan Pablo II escuchó sobre el trabajo de Jorge y lo aprobó. Lo nombró cardenal en 2001. En la Iglesia católica, solo el papa puede otorgar este honor. Los cardenales tienen una gran autoridad. Son los funcionarios de más alto rango de la Iglesia por debajo del papa y son los que eligen a un nuevo papa. Jorge voló

solo a Roma para la ceremonia. No quería que lo acompañaran amigos o familiares. Les dijo que les dieran el dinero de su viaje a los pobres.

A su regreso a Buenos Aires, siguió viviendo con sencillez. No llevaría túnicas de seda roja, como hacen los cardenales. Se quedó en su pequeño apartamento. Y siguió visitando a los pobres en los barrios bajos. También visitaba los hospitales cada semana, hablaba con los pacientes muy enfermos y moribundos, y los bendecía. Durante una visita en 2001, lavó los pies de pacientes infectados con VIH, el virus que causa el SIDA. Fue un acto de humildad tan inusual para un líder tan importante de la Iglesia que muchos periódicos escribieron sobre ello.

"La sociedad se olvida de los enfermos y de los pobres", dijo a los periodistas. Su mensaje era claro: la sociedad olvida a los enfermos y a los pobres, pero la Iglesia no. Esta los pone en primer lugar.

Como cardenal, Jorge también trabajó para

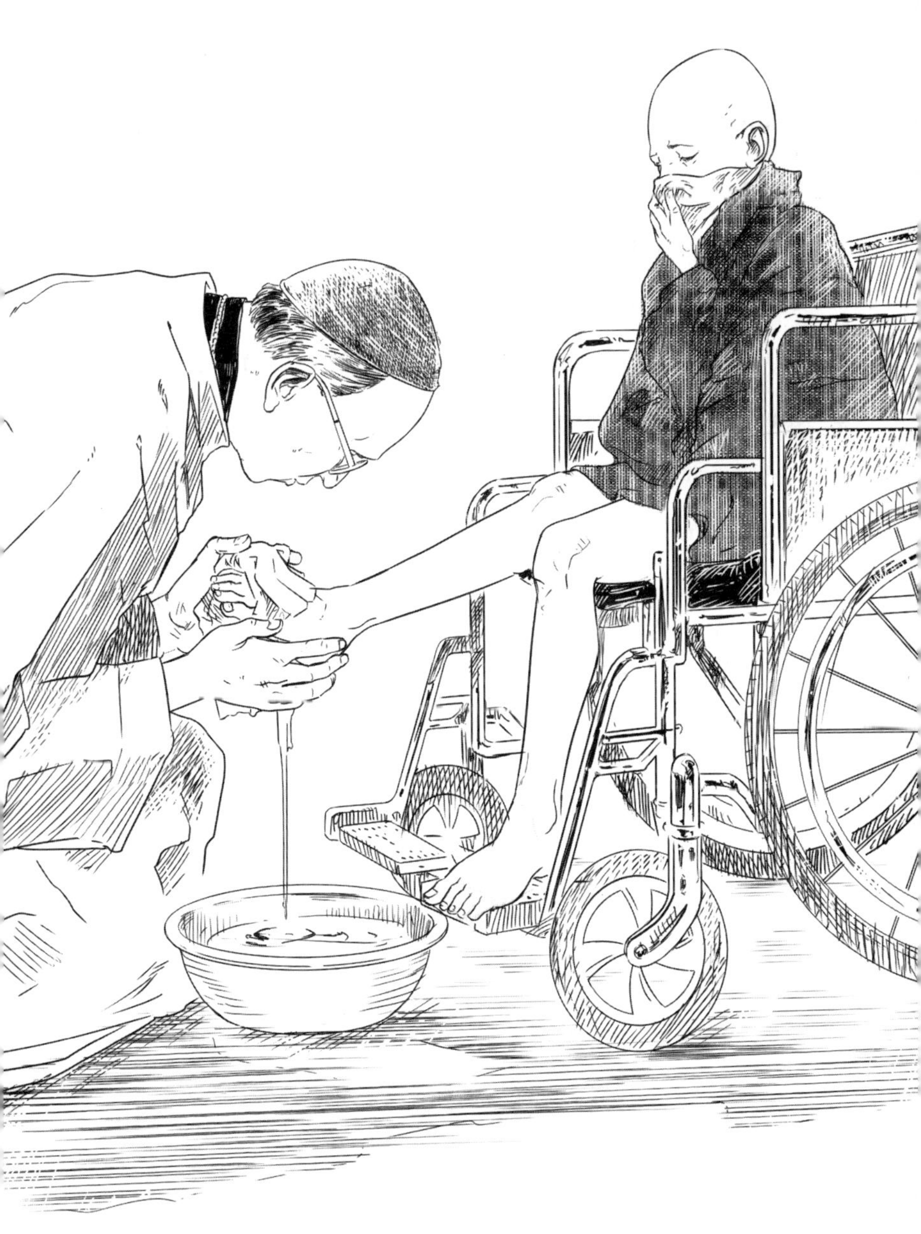

unificar la orden jesuita. En Argentina, se había dividido en grupos opuestos durante la Guerra Sucia. Él no había sido capaz de unir a esos grupos mientras era provincial jesuita. Pero ahora era más humilde. Ya no actuaba como si solo él tuviera la respuesta correcta. Y era mucho mejor dando consejos a la gente. Con su ayuda, los hermanos jesuitas finalmente pudieron enterrar sus diferencias y trabajar juntos.

El nuevo cardenal no solo era humilde, también era un gran líder.

CAPÍTULO 5
La elección del papa

Desde el Concilio Vaticano II, la Iglesia católica ha luchado por modernizarse. Otras religiones otorgaban a las mujeres puestos de autoridad. Las mujeres judías ya podían convertirse en rabinas y las protestantes en ministras.

Pero en la Iglesia católica, solo los hombres podían convertirse en sacerdotes. Y la Iglesia no aprobaba el divorcio ni el matrimonio homosexual. Al mismo tiempo, ignoraba o incluso ocultaba los errores y crímenes de su propio clero. Como resultado, cientos de miles de católicos abandonaban la Iglesia todos los años, y no lograba atraer nuevos miembros.

El papa Juan Pablo II siempre quiso hacer la Iglesia más abierta. Durante sus veinticinco

El papa Juan Pablo II

El papa Juan Pablo II con líderes de otras religiones

años como pontífice, alentó a los católicos a aceptar a personas de todas las religiones e intentó pacientemente derribar las barreras de la ignorancia, la desconfianza y el odio.

Las monjas

Las monjas católicas, al igual que los sacerdotes, dedican su vida a la Iglesia. Ellas también hacen votos de pobreza, castidad y obediencia. Antes, las monjas vivían separadas del mundo, rezando, comiendo y trabajando juntas. Con el tiempo, comenzaron a tener más contacto con el mundo exterior. Pueden vivir en

un convento (una casa especial con una capilla) y trabajar como enfermeras o maestras. Hoy en día, las monjas ayudan a pobres, ancianos, huérfanos, presos y refugiados. Y viajan por el mundo para abrir escuelas y misiones.

Las monjas no pueden dar misa ni escuchar confesiones. Pero por su fuerte fe y su incansable trabajo caritativo son una fuerza poderosa en la Iglesia.

Jorge admiraba mucho al papa. Y, como millones de católicos en todo el mundo, lloró mucho la muerte de Juan Pablo II el 2 de abril de 2005. Dos semanas después, junto con otros 114 cardenales, viajó a Roma para elegir un nuevo papa. La reunión, llamada cónclave papal, se regía por muchas reglas, algunas de ellas centenarias.

Los cardenales tenían que hacer un voto de secreto antes de votar. Permanecerían dentro de la Capilla Sixtina del Vaticano hasta que se eligiera un papa. Para ser papa, un cardenal necesitaba una mayoría de dos tercios, o sea, más de setenta y seis votos. La votación podría continuar durante mucho tiempo.

La Ciudad del Vaticano

La Ciudad del Vaticano en Roma, Italia, es la sede mundial de la Iglesia católica. También es un pequeño país gobernado por el papa. Con unas 1,5 millas cuadradas, tiene una bandera, un himno, un banco central y un sistema postal. Imprime su propio dinero y sellos postales y emite matrículas y pasaportes. Incluso tiene un ejército llamado Guardia Suiza, el ejército más pequeño del mundo.

En el centro de la Ciudad del Vaticano está la Basílica de San Pedro. Esta enorme iglesia fue primero un santuario para proteger la tumba de san Pedro. El diseño y la construcción de la actual basílica, que se terminó en 1626, tardó más de cien años en completarse.

Millones y millones de personas visitan la Ciudad del Vaticano cada año. Vienen a ver al papa, que habla desde un balcón cada semana. Si tienen suerte, él los invitará a dar un paseo por la plaza de San Pedro en su pequeño "papamóvil".

La Capilla Sixtina es el lugar de la Ciudad del Vaticano donde los cardenales se reúnen para elegir un nuevo papa.

El 18 de abril de 2005, una gran multitud se reunió en la plaza de San Pedro en la Ciudad del

Vaticano. Fue gente de todo el mundo a ese evento.

Durante el día, observaban la chimenea de la Capilla Sixtina. Una columna de humo negro indicaría que ningún cardenal había ganado. Una columna de humo blanco significaría que había un nuevo papa. Dos veces ese día, y una al siguiente, el humo de la chimenea salió negro.

En la tarde del segundo día, finalmente salió una columna de humo blanco. Minutos después sonaron las campanas de la Capilla Sixtina celebrando la buena noticia. ¡Había un nuevo papa! La multitud lloraba y vitoreaba. Entonces un hombre pequeño de cabello blanco apareció en un balcón de la plaza. El antes cardenal Joseph Ratzinger, de Alemania, ahora era el papa número 265 de la historia. Y a sus setenta y ocho

años, era uno de los más ancianos que se habían elegido. Había tomado el nombre de Benedicto, el decimosexto papa en tomar este nombre.

Cuando dio un paso adelante, un silencio se apoderó de la plaza. El papa Benedicto XVI dio su bendición a la multitud.

Juan Pablo II había sido papa durante más de veinticinco años. El tiempo de Benedicto XVI como Santo Padre sería muy corto.

CAPÍTULO 6
Noticias impactantes

Cuando Jorge dejó Roma después del cónclave de 2005, sabía que muchos cardenales habían votado por él para ser papa. (Se suponía que el voto era secreto, pero la información siempre se filtraba). En la cuarta ronda de votación quedó en segundo lugar, con cuarenta votos de los setenta y siete requeridos.

Pero él no estaba interesado en ser papa. Ya hacía planes para retirarse. Cuando lo hiciera, viviría en un pequeño edificio de apartamentos en Buenos Aires con otros sacerdotes jubilados. Así que durante el cónclave había instado a sus compañeros cardenales a votar por Benedicto para nuevo papa y así lo hicieron.

Después de su elección, el papa Benedicto XVI guio la Iglesia en tiempos difíciles. Hubo

escándalos sobre sacerdotes que conservaron sus puestos, aunque no lo merecían. Un gran número de católicos de todo el mundo abandonaban sus parroquias. Muchos de los que se quedaban exigían una reforma (cambios para mejorarla). Siempre había habido sacerdotes que abogaban por reformas. En ese momento su número iba en aumento.

Mientras tanto, Jorge cumplía setenta y cinco años, la edad en que los arzobispos suelen jubilarse. Pero el papa quería que continuara su trabajo en Argentina. Así que siguió visitando hospitales, cárceles y los barrios marginales de Buenos Aires. También predicaba a favor de cosas que la Iglesia no aprobaba. Pensaba que las parejas homosexuales deberían poder casarse, no en una iglesia, sino en una unión civil. Creía que este tipo de matrimonio otorgaba a los homosexuales los mismos derechos que a otras parejas. También predicaba que los padres solteros deberían poder bautizar a sus hijos. Los católicos que querían que la Iglesia cambiara apoyaban a Jorge. Lo consideraban honesto, valiente y compasivo. Era un líder fuerte, y lo amaban por eso.

Luego, el 11 de febrero de 2013, llegó una noticia que conmovió a todos: el papa Benedicto XVI había decidido renunciar. Era la primera vez que esto sucedía desde 1294. Pero de cierta manera tenía sentido. Ya tenía ochenta y cinco años y cada vez estaba más frágil. Los escándalos en torno a la Iglesia lo preocupaban y entristecían. ¿Sería eso lo que lo llevó a tomar su decisión? Nadie lo sabía con seguridad.

Pero una cosa era cierta: la Iglesia necesitaba un nuevo papa. Así que, en marzo de 2013, el cardenal Jorge Bergoglio asistió a otro cónclave papal en Roma. Había otros 114 cardenales reunidos para elegir al próximo papa. Al igual que en 2005, grandes multitudes se reunieron en la plaza de San Pedro. Otra vez, esperaban los resultados de la votación que se realizaba en la pequeña capilla. Y, de nuevo, esta tomó mucho tiempo.

Finalmente, en la noche del 13 de marzo, una columna de humo blanco se elevó de la chimenea de la Capilla Sixtina. Las campanas de la capilla sonaron: un nuevo papa había sido elegido. Cientos de miles de personas gritaban de alegría en la lluviosa plaza. Cuando se enteraron de quién era, los argentinos en la multitud ondearon la bandera de su país con especial orgullo.

Jorge Mario Bergoglio fue el primer jesuita de la historia en convertirse en papa. Fue el primer

papa de América Latina, hogar de alrededor del 40 por ciento de los 1200 millones de católicos del mundo. Y fue el primer papa en elegir el nombre de Francisco, en honor a san Francisco de Asís, conocido por ayudar a los pobres.

San Francisco de Asís

San Francisco nació como Francesco di Bernardone en Asís, Italia, en 1181. Era hijo de un rico comerciante y no fue nada santo en su juventud: vestía bien, bebía con sus amigos y se divertía todo lo que podía. Pero después de ser capturado en batalla y pasar un año en una cárcel infestada de ratas, cambió. Dejó de beber y de preocuparse por su apariencia. Pasaba todos los días en una iglesia vacía, rezando. Se vestía con harapos y andaba descalzo. Ayudaba a los leprosos que vivían fuera de Asís. (La lepra es una enfermedad que desfigura la piel y los huesos). Los leprosos eran rechazados y obligados a vivir separados, pero Francisco los abrazó. Todo lo que quería era vivir en la pobreza y servir a Dios.

Francisco atrajo a muchos seguidores y juntos reconstruyeron iglesias, trabajaron para los agricultores, rezaron y predicaron. No poseían dinero ni propiedades. Renunciaron a sus familias. Eran humildes y amables con todos. Francisco llamaba a las personas hermanas y hermanos. También amaba a los animales y les predicaba. Según una leyenda, persuadió a un lobo para que dejara de matar animales, y el lobo le tendió sus garras en señal de acuerdo.

En el siglo XIII, miles de seguidores de Francisco (llamados franciscanos) hacían el mismo tipo de trabajo en Europa. Cuando se sintió demasiado débil para trabajar, nombró a otro líder y se retiró a las colinas cerca de Asís.

Francisco murió en 1226 y fue declarado santo en 1228.

CAPÍTULO 7
Un nuevo día

El papa Francisco saludó al mundo vistiendo una túnica blanca y una cruz sencilla. "Hermanos y hermanas, buenas noches", dijo a las doscientas mil personas que vitoreaban bajo la lluvia. Después de dirigirlos en tres oraciones (un Padre Nuestro, un Ave María y un Gloria a Dios), dijo que los acompañaría en "un camino de hermandad, de amor y de confianza entre nosotros".

Normalmente, el nuevo papa bendeciría a la multitud. En cambio, el papa Francisco primero pidió que lo bendijeran a él, inclinando la cabeza. Su petición tocó el corazón de muchas personas, tanto las que estaban en la plaza como a los millones que lo veían por televisión. Sus humildes palabras indicaban que Francisco haría las cosas de manera diferente a otros papas.

Y lo hizo, empezando de inmediato.

En lugar de tomar una limusina, esa noche fue a cenar en un autobús con los cardenales que lo habían elegido. (El hecho de que no viajara en el papamóvil Mercedes-Benz, fue noticia en los periódicos de todo el mundo). Durante la cena

se sentó con los cardenales, no encima de ellos en una mesa especial.

Al día siguiente, después de celebrar su primera misa como papa, Francisco continuó comportándose como un sacerdote ordinario. Hizo la maleta y pagó la cuenta del hotel. Agradeció a todos los que lo habían atendido.

Llamó a su dentista en Buenos Aires para cancelar una cita. Llamó a su vendedor de periódicos para detener la entrega del periódico. "En serio, soy

Jorge Bergoglio, te llamo desde Roma", le dijo al asombrado hombre.

Más tarde, le mostraron los apartamentos en el Vaticano donde se suponía que viviría el papa.

Después de ver las enormes habitaciones con sus pisos de mármol y muebles pesados, dijo: "Aquí hay espacio para trescientas personas. No necesito tanto espacio". Y decidió vivir en una casa mucho más sencilla que había sido utilizada para los sacerdotes visitantes. Hubo objeciones, ¡era una elección muy inusual!, pero él insistió.

Dormitorio del papa en Casa de Santa Marta

Esa noche telefoneó a su querida hermana, María Elena. Ella era la única miembro de su familia viva. Cuando ella le preguntó cómo se sentía, él respondió: "Estoy bien, relájate".

María Elena

"Te veías muy bien en la televisión, tenías una expresión radiante", le dijo. "Ojalá pudiera darte un abrazo".

"Nos estamos abrazando, estamos juntos", le dijo. "Te tengo muy cerca de mi corazón".

La forma realista en que se comportaba el papa Francisco no sorprendió a su hermana ni a sus amigos en Argentina. Sabían cómo era. Pero la gente que no lo conocía, se sorprendió. Algunos recordaron a san Francisco de Asís, un hombre humilde y amable del pueblo. A otros les preocupaba que no fuera lo suficientemente respetuoso con el papado. Era el trabajo más importante en la Iglesia más antigua y más grande del mundo. "Vamos a tener que acostumbrarnos a una nueva forma de hacer las cosas", dijo un funcionario del Vaticano a los periodistas.

Pero la mayoría se regocijó. Sentían que, al predicar el amor, la misericordia y la amistad,

el papa Francisco le recordaba al mundo qué era realmente la Iglesia. Con su sonrisa cálida y amistosa y sus modales acogedores, era un soplo de aire fresco. Con setenta y seis años, tenía la energía de un hombre joven. Esto fue una suerte, porque tenía mucho trabajo por hacer.

CAPÍTULO 8
Una mano amiga

El primer año de mandato del papa Francisco comenzó en marzo, uno de los meses más importantes del calendario católico. En los días previos a la Pascua, dirigió ceremonias religiosas todos los días. Entre ellas, una misa matutina en una iglesia cerca del Vaticano y un desfile en las colinas romanas el Miércoles de Ceniza. Estos eventos fueron vistos en foto y en la TV en Roma y por millones de personas en todo el mundo.

Pero una de las cosas más importantes que hizo el papa en marzo de 2013 permaneció en secreto durante más de un año. Poco después de asumir el cargo, escuchó que Estados Unidos y Cuba estaban interesados en tener una mejor relación.

Los dos países habían tenido malas relaciones por más de cincuenta años. Los viajes entre ellos estaban prohibidos. Igual que los negocios.

El papa se puso en contacto con los presidentes de Estados Unidos, Barack Obama, y de Cuba, Raúl Castro, y se ofreció a ser su intermediario. Primero hablaría con ambos para coordinar las reuniones. Así comenzaron una serie de conversaciones secretas. Poco a poco las reuniones se volvieron más amistosas. Cuando surgían problemas, el papa ofrecía soluciones. Y en dieciocho meses, Estados Unidos y Cuba estaban en términos mucho mejores. La noticia se hizo pública el 17 de diciembre de 2014, día en que el papa cumplía setenta y ocho años. Ambos líderes agradecieron al papa por todo lo que había hecho. Su trabajo silencioso y cuidadoso había ayudado a cambiar la historia.

Raúl Castro

Ya el mundo sabía que el papa Francisco era un hombre extraordinario. Más allá de sus habilidades como diplomático, era un líder amable, compasivo y extrovertido. Siempre había predicado que el propósito de la Iglesia era ser misericordiosa. Su misión era dar la bienvenida a las personas, no rechazarlas. (¡Una vez dijo que estaría encantado de bautizar a un marciano!)

En Roma, como en Buenos Aires, se esforzó por prestar especial atención a los marginados de la sociedad. Entregó tarjetas telefónicas a los refugiados para que llamaran a su casa. Hizo que construyeran duchas y un refugio para las personas sin hogar. Les ofreció sacos de dormir y se aseguró de que tuvieran atención médica. Hablaba en su favor una y otra vez. "Quiero una Iglesia que sea pobre y para los pobres", dijo.

El papa Francisco saluda a los refugiados en el aeropuerto

CAPÍTULO 9
Toma el mando

El papa Francisco también fue claro sobre las causas de la pobreza. Predicó contra la codicia en la política y los negocios y criticó a los poderosos criminales. Para los que estaban acostumbrados a pontífices más tranquilos y distantes, Francisco fue una gran sorpresa.

Sin embargo, en sus primeros años de mandato, recibió grandes elogios y honores. La forma en que practicaba lo que predicaba hizo que los católicos tuvieran esperanzas sobre el futuro de la Iglesia. Los alentaba la forma en que él abordaba sus problemas más difíciles.

Uno de los problemas era el Banco Vaticano. Fue fundado en 1887 y se ubica dentro del Vaticano en una torre que antes fue un calabozo.

El papa León XIII lo usó como alcancía para su tesoro, un baúl lleno de monedas de oro.

Con los años, el banco se hizo muy rico. Había rumores de que contenía cientos de millones de dólares. Pero solo un puñado de personas sabía exactamente cuánto dinero había en el banco, de dónde provenía o en qué se usaría exactamente. La información era celosamente guardada.

El papa Francisco siempre se había opuesto a la corrupción (acuerdos deshonestos) en los negocios y en el gobierno. Enfrentado a la corrupción dentro del Vaticano, pronto tomó medidas. Inició una investigación que descubrió que el Banco Vaticano tenía millones en fondos ocultos.

El papa despidió a la mayoría de los funcionarios del banco. Los reemplazó con personas en las que confiaba. Gracias a él, los registros del Banco

Vaticano son ahora claros y actualizados. La reforma continúa, pero sus peores problemas se han resuelto.

Desafortunadamente, reformar la Curia, compuesta por todos los empleados del Vaticano, fue mucho más difícil. La Curia comenzó en la Edad Media como un pequeño grupo de sacerdotes que ayudaban al papa. Pero en 2013, ya se había expandido a una red de tres mil personas. Casi todos habían conseguido sus trabajos por conexiones familiares. Los funcionarios de la Curia estaban muy unidos y eran poderosos. Había rumores de que también eran corruptos.

Se suponía que la Curia dirigía el Vaticano y ayudaba al papa, pero a menudo se le había acusado de trabajar en contra del papa y a favor de los intereses de sus miembros. En el pasado había ocultado información al papa. Evitaba que la gente lo viera y concertaba reuniones privadas con él a cambio de favores.

La Curia protegía su poder por encima de todo y luchaba contra el cambio. El papa Benedicto intentó reformarla y fracasó. También lo habían hecho otros. "Los papas van y vienen; la Curia es para siempre", era un dicho muy conocido.

El papa Francisco hizo su primer intento de reforma rápidamente. En abril de 2013, seleccionó a un grupo de nueve cardenales de todo el mundo. Su apodo era C9 y su objetivo era simplificar la forma en que funcionaba la Curia. Esto nunca se había intentado antes.

El papa también destituyó a algunos altos funcionarios de la Curia y recortó los salarios de otros. Anunció que los miembros de alto rango tenían que ir con él a un monasterio para su retiro anual. Durante cinco días antes de la Pascua, los guiaría en un programa de oración.

Por si la Curia no había captado el mensaje, el papa Francisco arremetió contra ellos en el discurso de Navidad de 2014. No trabajaban

bien. No eran buenos católicos. Y eran demasiado pesimistas. La Curia quedó conmocionada y consternada, especialmente cuando las palabras del papa dieron la vuelta al mundo.

El papa Francisco también limitó el papel de la Curia en su vida diaria. Desde que asumió el cargo hizo muchas de sus llamadas telefónicas. Cuando lo llamaban al Vaticano tomaba él mismo

la llamada y decía: "Hola, habla Bergoglio". Le gustaba enviar correos electrónicos a la gente y

siempre conversaba con ellos directamente, ya fuera en la cafetería del Vaticano o en la plaza de San Pedro. Evitar la Curia lo acercó mucho más a la gente común, y estaban muy felices por eso.

La gente también estaba muy contenta con su preocupación por el medio ambiente. En 2015, le dedicó toda una encíclica (declaración escrita), algo que ningún papa había hecho jamás. Escribió sobre el cambio climático, la contaminación y el reciclaje. Instó a todos para tratar a la Tierra, "nuestro hogar común", con respeto. En la encíclica, nos recordó que todos los seres vivos necesitan cuidados y amor.

Dios todopoderoso:
estás presente en todo el universo
y en la más pequeña de tus criaturas.
Derrama sobre nosotros el poder de tu amor
para que podamos proteger la vida y la belleza.
Llénanos de paz para que vivamos
como hermanos sin hacer daño a nadie.

CAPÍTULO 10
Una Iglesia del corazón

El papa Francisco cumplió ochenta años el 17 de diciembre de 2016. "Siento que mi pontificado será breve", le dijo a un entrevistador, "cuatro o cinco años; no sé, tal vez dos o tres...".

Eso lo dijo en 2013, pero el papa Francisco hizo muchos cambios en la Iglesia después de eso. Sus críticos dijeron que no hizo lo suficiente, que la Curia seguía siendo demasiado poderosa, que todavía había sacerdotes, obispos y cardenales deshonestos. Y que las mujeres seguían esperando un papel más importante en la Iglesia.

Sin embargo, ningún otro papa que se recuerde hizo tanto en tan poco tiempo. Hizo la Iglesia más amable y abierta, "una Iglesia del corazón". Añadió docenas de cardenales de los países más pobres y de países fuera de Europa al Colegio Cardenalicio. Invitó a todos los católicos

a expresar sus opiniones sobre el divorcio y otros temas que son muy importantes para ellos.

El papa Francisco siempre se interesó por la

gente común de todas las religiones: por su vida cotidiana, sus sentimientos y sus necesidades humanas. Dijo muchas veces que él era como ellos, un ser humano que estaba lejos de ser perfecto. Cuando hablaba con ellos en persona y a través de cartas y correos electrónicos, era realista, cariñoso y alentador. "Más como un hermano que como un padre", como dijo un amigo. Un periodista escribió que, en lugar de señalar con el dedo, el papa Francisco ofrecía una mano amiga.

Millones de personas seguían al papa en Facebook, Twitter e Instagram. Al verlo en sus teléfonos y computadoras se daban cuenta de que él enseñaba con el ejemplo. No solo predicaba que había que preocuparse por los pobres, sino que lo hacía. Vivía con sencillez, sin pompa ni lujo. Lavaba los pies de los drogadictos, abrazaba a los discapacitados y se arrodillaba para rezar con los criminales. El papa Francisco dijo: "Somos hijos del mismo Dios, que queremos vivir en paz".

Como san Francisco de Asís, el papa Francisco mostró lo que significa la verdadera fe.

El papa Francisco falleció el 21 de abril de 2025. Fue papa durante doce años. Dejó un legado de humildad y sencillez, y siempre inspiró a los demás a ser mejores y a hacer el bien.

Primicias del papa Francisco

- El papa Francisco fue el primer papa jesuita y el primer papa de Sudamérica.
- Fue el primer papa en tomar el nombre de Francisco.
- Fue el primer papa con once millones de seguidores en Twitter, una página de Facebook y una cuenta de Instagram.
- Fue el primer papa que lavó los pies de una mujer.
- Fue el primer papa en excomulgar a la mafia, lo que significa que estas figuras criminales ya no pueden ser parte de la Iglesia católica.
- Fue el primer papa en hacerse selfis.
- Fue el primer papa en construir un refugio para personas sin hogar en Roma y el primero en pasar su cumpleaños con ellos.

- **Fue el primer papa que dijo que no juzgaba a los homosexuales.**

- **Fue el primer papa en escribir una encíclica (una carta a todos los obispos de la Iglesia) sobre los peligros del cambio climático.**

Cronología de la vida del papa Francisco

1936	Nació el 17 de diciembre en Buenos Aires, Argentina
1955	Comienza sus estudios en un seminario jesuita
1957	Se somete a una cirugía pulmonar tras una enfermedad
1958	Comienza el noviciado jesuita
1969	Ordenado sacerdote jesuita
1973	Nombrado superior provincial de los jesuitas para Argentina y Uruguay
1980–1986	Rector del Colegio Máximo durante los últimos años de la Guerra Sucia
1992	Nombrado obispo auxiliar de Buenos Aires
1998	Se convierte en arzobispo de Buenos Aires
2001	Nombrado cardenal por el papa Juan Pablo II
	Comienza a visitar semanalmente a los pacientes hospitalizados con VIH en Buenos Aires
2002–2003	Lidera conversaciones entre grupos de ciudadanos y políticos durante la crisis financiera de Argentina
2005	Participa en la elección del papa Benedicto XVI
2013	Elegido papa el 23 de marzo
	Toma el nombre de Francisco
2014	Autoriza investigación sobre el Banco Vaticano
2015	Invita a personas sin hogar para su cumpleaños
2016	Declara santa a la Madre Teresa
2025	Fallece el 21 de abril, Lunes de Pascua, en Roma

Cronología del mundo

1935	Regina Jonas, primera mujer rabina, ordenada en Alemania
1939	Italia se alía a la Alemania nazi en la II Guerra Mundial
1943	Muere Benito Mussolini
	Italia se alía con Estados Unidos, Inglaterra y Francia para luchar contra Alemania
1961	John F. Kennedy es el primer presidente católico de Estados Unidos
1962	Comienza el Vaticano II en Roma
1963	John F. Kennedy es asesinado
1965	Finaliza el Vaticano II
	Las monjas pueden usar hábitos o ropa de calle
	Jorge Luis Borges obtiene su sexta nominación al Premio Nobel de Literatura
1968	Robert F. Kennedy es asesinado
	El sacerdote jesuita Daniel Berrigan dirige el clero católico en protesta contra la guerra de Vietnam
1973	Juan Perón es elegido presidente de Argentina
1978	Karol Wojtyla se convierte en el papa Juan Pablo II
1979–1983	La Guerra Sucia de Argentina
2005	Benedicto XVI se convierte en papa
2023	Taylor Swift es nombrada Persona del Año por la revista *Time*
2012	La zona de Los Ángeles sufre los incendios forestales más destructivos de su historia, que destruyen dieciocho mil estructuras y causan al menos treinta muertes

Bibliografía

***Libros para jóvenes lectores**

Acocella, Joan. "Rich Man, Poor Man: The Radical Visions of St. Francis," ***New Yorker***, January 14, 2013.

Allen, John L., Jr. ***The Catholic Church: What Everyone Needs to Know***. New York: Oxford University Press, 2014.

Carroll, James. "Who Am I to Judge?: A Radical Pope's First Year," ***New Yorker***, December 23 and 30, 2013.

Collins, Father Michael. ***Pope Francis: A Photographic Portrait of the People's Pope***. New York: DK Publishing, 2015.

Duffy, Eamon. "Who Is the Pope?" ***New York Review of Books***, February 19, 2015.

Ivereigh, Austen. ***The Great Reformer: Francis and the Making of a Radical Pope***. New York: Henry Holt, 2014.

Klein, Christopher. "Ten Things You May Not Know About the Vatican," History.com, March 12, 2013, http://www.history.com/news/10-things-you-may-not-know-about-the-vatican.

* Kramer, Barbara. ***Pope Francis***. Washington, DC: National Geographic Kids Readers, 2015.

* Machajewski, Sarah. ***Pope Francis: The People's Pontiff***. New York: Britannica Educational Publishing, 2015.

Trigilio, Rev. John, Jr., and Rev. Kenneth Brighenti. ***Catholicism for Dummies***. Hoboken, NJ: John Wiley & Sons, 2012.

Vallely, Paul. ***Pope Francis: Untying the Knots***. London: Bloomsbury Publishing, 2013.

* Watson, Stephanie. ***Pope Francis: First Pope from the Americas***. Minneapolis, MN: Lerner Publications, 2014.

Sitios web

w2.Vatican.va

www.catholic.com

www.catholicherald.co.uk

www.jesuits.org

www.religionnews.com